Aux enfants d'ici et d'ailleurs...

L'ÉVANGILE EN PAPIER

Henriette Major
Claude Lafortune

FIDES

Texte : Henriette Major
Conception visuelle : Claude Lafortune
Conception graphique : Yves Demers Paris
Infographie : Samir Tamari
Recherche : Jean-Guy Dubuc
Coordination pédagogique : Pierre Dufour
Photographies : Jean-Louis Frund,(page 39 Pierre Labelle)
Dessin page 40 : Nathalie Lafortune

Données de catalogage avant publication (Canada)

Major, Henriette, 1933-
L'Évangile en papier

2e éd. -

ISBN 2-7621-1816-6

1. Bible. N. T. Évangiles - Ouvrage pour la jeunesse.
I. Lafortune Claude, 1936- .
II. Titre.
BS2406. M35 1995 226 C95-940289-6

MARIE ET JOSEPH

Il y a près de 2000 ans, dans la petite ville de Nazareth en Palestine, vit une jeune fille nommée Marie. Comme toutes ses amies, elle aide sa mère à tenir la maison, à faire les repas, à filer la laine.

Marie n'a qu'une quinzaine d'années, mais elle est déjà fiancée à un menuisier nommé Joseph ; comme c'est encore la coutume aujourd'hui dans plusieurs régions du monde, on se mariait très jeune en ce temps-là. Marie et Joseph sont donc promis l'un à l'autre.

Le livre des Évangiles décrit le fiancé comme un homme juste et bon, qui gagne sa vie en exerçant le métier de menuisier.

L'ANNONCIATION

Un jour, la jeune Marie est seule chez elle, en train de filer la laine pour préparer son trousseau. Absorbée par son travail, elle a la surprise en levant la tête d'apercevoir devant elle un mystérieux inconnu. C'est un messager de Dieu, l'ange Gabriel.

La saluant de la tête, il s'adresse à elle en ces termes :

— Je te salue Marie, toi que Dieu a comblée de grâce ; le Seigneur est avec toi.

— Vous connaissez mon nom ? Qui vous envoie ici ?

— Rassure-toi car Dieu t'a choisie ; Dieu va faire de toi une maman ; tu auras un fils à qui tu donneras le nom de Jésus.

— Je vais avoir un bébé ? Comme je suis heureuse ! Mais comment cela est-il possible ?

Je ne vis pas encore avec Joseph, mon futur époux...

— L'Esprit-Saint viendra sur toi ; ton fils sera le fils de Dieu.

— Je suis la servante du Seigneur. J'accepte ce que tu m'annonces en son nom.

À partir de ce moment, Marie porte en elle l'Enfant-Dieu.

LA VISITATION

Marie avait une cousine nommée Élisabeth. Peu après avoir reçu la visite de l'ange Gabriel lui annonçant qu'elle serait mère du Messie. Marie apprend que sa cousine Élisabeth attend elle aussi un enfant. Aussitôt, Marie décide d'aller rendre visite à sa cousine pour lui offrir ses services.

En arrivant chez Élisabeth, Marie lui dit : Je suis tellement heureuse ! Si tu savais... Mon coeur chante le Seigneur, mon esprit est rempli de joie parce que Dieu a jeté les yeux sur moi, son humble servante. Tous les gens d'aujourd'hui et des temps futurs sauront que je suis bienheureuse car le Tout-puissant a fait en moi de grandes choses. Il a réalisé toutes les promesses faites à nos pères ; il s'est occupé de ses enfants, il les a secourus. Je l'en remercie de tout mon coeur.

Marie reste chez sa cousine pendant plusieurs semaines ; elle l'aide à tout préparer pour la naissance de son bébé. Enfin, Élisabeth met au monde un garçon à qui on donne le nom de Jean. Puis, Marie rentre chez elle pour attendre son propre enfant.

LA NAISSANCE DE JÉSUS

Quelques mois plus tard, Marie, à la veille de son accouchement, et Joseph, son époux, cheminent lentement sur une route de montagne. Joseph a installé sa jeune femme sur le dos d'un âne qu'il conduit par la bride. Ils sont partis de Nazareth en Galilée pour se rendre à Bethléem en Judée, car un édit de l'empereur César-Auguste a décrété un grand recensement dans tout l'empire romain dont fait partie la Palestine. Cette loi oblige chaque citoyen à aller s'inscrire dans sa ville natale. Marie et Joseph doivent donc se rendre à Bethléem, leur lieu d'origine.

Après avoir marché toute la journée, le jeune couple arrive enfin à destination. À cause du fameux recensement, le village de Bethléem a reçu un nombre inhabituel de visiteurs. Marie et Joseph ne trouvent de place ni chez leurs connaissances, ni dans l'hôtellerie où l'on se dispute le peu d'espace disponible. Joseph ne sait que faire : Marie est très lasse et les nuits sont froides en Palestine à ce temps de l'année. Tout à coup, il se souvient d'une grotte où les bergers se réfugient par les nuits glaciales. C'est là qu'il conduit Marie.

Il était temps : sitôt installée sur la paille, la jeune femme donne naissance à un beau garçon. Une femme comme une autre a donné naissance à un enfant qui ressemble à tous les autres. Cependant, cette naissance va changer la face du monde car cet enfant est le Fils de Dieu. On l'appellera Jésus, ce qui veut dire en hébreu *Dieu nous vient en aide*.

L'ADORATION DES BERGERS

Dans cette région, certains bergers s'entendaient entre eux pour rassembler les troupeaux et les surveiller en groupe. Ils passaient la nuit éveillés pour être prêts à chasser les bêtes sauvages et les voleurs. Cette nuit-là, non loin de la grotte où Marie et Joseph se sont réfugiés, des bergers sont installés en plein air. Tout est calme. Seul, le son grêle d'une flûte s'élève dans la fraîcheur de la nuit.

Tout à coup, une grande lumière baigne le paysage. Une voix se fait entendre, sortant les bergers de leur somnolence : « Gloire à Dieu au plus haut des cieux. Et paix sur la terre à ceux qu'il aime. Je vous annonce une grande joie : aujourd'hui, un Sauveur vous est né. »

Ébahis, les bergers se rendent à la grotte que vient de leur indiquer l'ange du Seigneur. Là, ils découvrent le Nouveau-né et déposent à ses pieds quelques humbles présents.

LA VISITE DES MAGES

Après la naissance de Jésus, Marie et Joseph passent quelque temps à Bethléem ; tout en s'occupant du nouveau-né, ils préparent leur retour à Nazareth.

Pendant ce temps, dans un pays voisin, trois savants qu'on appelait des Mages discutent entre eux d'une étrange lumière qu'ils ont vue apparaître à l'Orient. S'agirait-il d'une étoile nouvelle ? Si oui, que pouvait bien signifier ce phénomène ? Ils décident de partir en voyage en se guidant sur cette lueur.

Arrivés à Bethléem, ils apprennent que, d'après une ancienne prophétie, l'apparition d'une étoile nouvelle devait coïncider avec la naissance d'un Sauveur. Les Mages rendent visite à l'Enfant-Jésus et lui apportent des cadeaux qu'on offre à un roi : de l'or, de l'encens et de la myrrhe.

JÉSUS AU TEMPLE

Jésus a maintenant douze ans. En compagnie de Marie et Joseph et de quelques autres parents, il visite la ville de Jérusalem pour y célébrer la fête de Pâque.

Comme tout petit Juif de son âge, Jésus est très impressionné par son premier contact avec le fameux temple de Jérusalem. Il se promène d'un parvis à l'autre, n'ayant pas assez d'yeux pour tout admirer. Il circule parmi la foule, tantôt accroché au bras de sa mère, tantôt sur les pas de son père.

Mais voilà qu'il s'éloigne de ses parents pour aller vers les prêtres et les scribes attachés au service du temple.

Lorsque les groupes se reforment pour prendre le chemin du retour, Marie s'en va avec les femmes et Joseph avec les hommes, comme c'est la coutume. À la première halte, ils se rendent compte que Jésus n'est ni avec l'un ni avec l'autre.

Très inquiets, ils retournent vers Jérusalem. Pendant que ses parents s'affolent, Jésus est tout simplement en train de discuter avec les scribes et les docteurs de la loi. Ceux qui l'écoutent sont stupéfaits de trouver une telle intelligence chez un enfant de douze ans.

En le retrouvant Marie lui dit :

— Mon enfant, pourquoi as-tu agi ainsi avec nous ? Ton père et moi, nous étions très inquiets...

— Il fallait bien qu'un bon jour je m'occupe des affaires de mon Père, répondit Jésus.

Bien sûr, Jésus fait allusion à son Père du ciel. Mais pour le moment, il doit vivre sa vie d'enfant de la terre. Il accompagne Marie et Joseph à Nazareth.

Et Jésus était soumis à ses parents. Et il grandissait en taille et en sagesse, devant Dieu et devant les hommes.

JEAN LE BAPTISTE

Dans une région désertique au sud de la Palestine, au bord d'une rivière appelée le Jourdain, un homme nommé Jean s'est mis à prêcher.

Ce Jean, c'est le fils d'Élisabeth, le cousin de Jésus. Il baptise, c'est-à-dire qu'il fait baigner dans les eaux du Jourdain les gens qui se convertissent à ses idées, comme s'il les lavait de leurs fautes. À cause de ce rite, on l'a surnommé Jean le baptiste.

Au cours de ses prédications, il répète :

— Je suis la voix qui crie dans le désert. C'est de moi que les prophètes ont dit : « J'envoie un messager pour aplanir le chemin. » Je vous le demande, préparez-vous ! Préparez vos coeurs pour Celui qui vient, pour Celui que le monde attend.

Ses disciples répondent avec enthousiasme :

— Tu es le prophète Élie ! C'est toi, le Christ ! C'est toi, le Messie

Mais Jean leur répond :

— Vous vous trompez. Je ne suis ni le Christ, ni Élie, ni même un grand prophète comme ceux d'autrefois. Moi, je baptise dans l'eau, c'est peu de chose. Mais je vous annonce qu'un autre viendra, qui sera plus grand, plus puissant. Il est déjà au milieu de vous, mais vous ne le connaissez pas encore.

Cet autre est tellement important que je ne suis même pas digne d'attacher ses sandales.

Lui, il baptisera dans l'amour de Dieu. Préparez-vous, c'est pour bientôt.

JÉSUS DE NAZARETH

Jésus a maintenant une trentaine d'années. Il quitte sa ville de Nazareth pour se rendre au sud de la Palestine, dans la région où Jean le baptiste attire des foules depuis déjà quelque temps.

LE BAPTÊME DE JÉSUS

Un jour, Jésus s'approche de l'endroit où prêche Jean le baptiste ; celui-ci le reconnaît.

— Le voilà celui dont je vous parlais, s'écrie-t-il, celui dont je ne suis pas digne d'attacher les sandales, celui que tout le monde attend... Le voilà, celui qui va se faire connaître au grand jour pendant que moi, je disparaîtrai...

Jésus s'avance et demande humblement:

— Jean, Jean le baptiste, veux-tu me donner le baptême dans l'eau du Jourdain ?

Pendant que Jean verse l'eau sur la tête de Jésus, une colombe descend du ciel et on entend une voix qui dit : « Celui-ci est mon fils bien-aimé en qui j'ai mis toute ma confiance : écoutez-le. »

À partir de ce moment, Jésus commence sa vie publique.

LES PREMIERS AMIS DE JÉSUS

En Judée, autour de Jean le baptiste, Jésus avait rencontré des hommes avec qui il avait sympathisé.

C'étaient des gens simples, pas très riches, qui exerçaient le métier de pêcheurs.

Les deux premiers à s'attacher à Jésus s'appellent André et Jean. Ils le suivent jusqu'en Galilée.

Au bord du lac de Tibériade où se retrouvaient les pêcheurs, Jésus rencontre Simon, le frère d'André.

— Tu t'appelles Simon, lui dit-il. Désormais, tu t'appelleras Pierre. Et sur cette pierre, je bâtirai mon Église.

Peu à peu, Jésus forme autour de lui une équipe de douze hommes, qu'on appellera plus tard « les douze Apôtres ».

Ces amis le suivent partout : ils parcourent les villes et les villages de la Galilée faisant le bien et annonçant le Royaume de Dieu.

Voici les noms de ces hommes : Simon-Pierre, Jean, Jacques, André, Philippe, Barthélemy, Matthieu, Thomas, Jacques, fils d'Alphée, Simon, Jude et Judas Iscariote.

Simon-Pierre *Jean*

Jacques le Majeur *André* *Philippe*

Thomas

Barthélemy *Matthieu*

Jacques le Mineur *Simon* *Jude* *Judas Iscariote*

LES NOCES DE CANA

Nous voici en Galilée, dans le village de Cana. Un riche fermier vient de marier sa fille. Jésus est invité à la noce avec sa mère et ses amis. Bien sûr, les organisateurs de la fête avaient prévu à boire et à manger en abondance car une noce est l'occasion de faire bombance. Mais voilà qu'au beau milieu de la fête, alors que les invités tout joyeux réclament à boire, les serviteurs commencent à s'affoler : les cruches sont vides... il n'y a plus de vin.

La mère de Jésus s'est rendu compte de l'énervement de ses hôtes. Elle sait bien, elle, que son fils Jésus n'est pas un homme comme les autres et qu'il peut faire des choses extraordinaires. Alors, confiante dans l'amour de Jésus pour elle, elle décide de faire appel à lui pour tirer d'embarras les gens qui les ont invités.

— Tu sais, ils n'ont plus de vin, dit-elle.

— Mon heure n'est pas encore venue, répond-il.

Cependant, Jésus décide quand même de faire quelque chose pour aider les gens de la noce.

— Remplissez d'eau ces jarres, dit-il aux serviteurs. Puisez maintenant et portez-en au maître d'hôtel. Oh miracle ! l'eau des jarres s'est changée en vin !

Goûtant cette boisson, le maître d'hôtel s'écrie :

— Ce vin est excellent ! Il est bien meilleur que celui que vous avez fait servir en premier ! Tout le monde sert d'abord le meilleur vin, et quand les gens sont un peu gais, on sert du vin moins bon. Mais vous, vous avez gardé le bon vin jusqu'à maintenant. Ce n'est pas très malin.

Jésus, à la prière de sa mère, avait changé l'eau en vin. C'était son premier signe pour faire connaître combien Dieu aime l'humanité.

À partir de ce moment, ses disciples crurent davantage en lui.

LA PÊCHE MIRACULEUSE

Ce jour-là, Jésus se trouve au bord du lac de Tibériade. Comme toujours, il est entouré d'une foule nombreuse et empressée.

Sa réputation de prophète s'est répandue : on vient de partout pour le voir et l'entendre. Pressé par les gens qui se bousculent, Jésus cherche un endroit où se réfugier ; il aperçoit ses amis pêcheurs qui viennent justement d'aborder. Il monte dans leur barque et leur demande de s'éloigner.

Lorsqu'ils sont rendus au large, Jésus commande à ses amis de lancer leurs filets. Ceux-ci répondent :

— Maître, nous avons pêché toute la nuit dernière sans rien prendre : pas un seul poisson... Ce n'est pas un bon temps pour la pêche.

— Moi, je vous dis de lancer quand même vos filets.

— Nous avons travaillé bien dur et nous sommes fatigués, mais si tu dis qu'il faut lancer nos filets, nous allons le faire.

Et voilà que les filets, une fois lancés, se remplissent de poissons, tellement que les pêcheurs ont peine à les retirer. Pierre s'écrie :

— Éloigne-toi de moi, Seigneur, ne reste pas avec moi, car toi, tu es tellement grand et bon, et moi, je ne suis qu'un pauvre homme au coeur rempli de péchés et de doutes.

— Ne t'inquiète pas, mon ami Pierre ; désormais, ce ne sera plus des poissons que tu prendras, mais des hommes... Au lieu d'attirer des poissons avec tes filets, tu attireras des hommes avec tes paroles et tes actions.

La pêche miraculeuse est un autre signe que Jésus donne à ses Apôtres pour leur montrer qu'il faut lui faire confiance.

LA GUÉRISON DU PARALYTIQUE

Jésus est de plus en plus connu en Galilée. Dès qu'il arrive quelque part, beaucoup de gens se précipitent pour le voir et l'entendre, et aussi pour être témoins de l'un des miracles dont tout le monde parle.

Ce jour-là, Jésus est entré dans une maison ; aussitôt, une foule de gens l'a envahie.

Tout à coup arrivent des brancardiers transportant sur une civière un malade paralysé. À cause de la foule qui se bouscule autour de Jésus, les brancardiers n'arrivent pas à passer.

La plupart des maisons en Palestine ont un toit en terrasse accessible par un escalier extérieur.

Les amis du paralytique sont débrouillards ; par cet escalier, ils portent leur ami sur le toit. Les toits de ces maisons étant faits de grosses branches recouvertes de terre glaise, rien de plus facile que d'en écarter quelques-unes pour percer une ouverture ; par cette ouverture, nos deux brancardiers font descendre leur ami paralysé juste aux pieds de Jésus.

Jésus dit au paralysé :

— Ne t'en fais pas mon ami : je te pardonne ce que tu as pu faire de mal. Tes péchés te sont remis.

Les prêtres de ce temps, les scribes et les Pharisiens, sont indignés. Ils se disent :

— De quoi se mêle ce Jésus de Nazareth ? Dieu seul peut pardonner les péchés.

Alors, Jésus leur dit :

— Même si vous parlez bas, je connais les mauvais sentiments qui sont dans vos coeurs. Vous croyez que je blasphème ? Comme vous manquez de foi ! Sachez que pour moi il est aussi facile de dire « je te pardonne », que de commander « lève-toi et marche », car je suis le maître des coeurs en même temps que le maître des corps...

En voici la preuve. Toi qui es venu à moi sur une civière, lève-toi, reprends ta civière et retourne dans ta maison !

Et le paralytique se lève, ramasse sa civière et s'en va.

On voit que pour Jésus, il n'est pas plus difficile de guérir les corps que de guérir les coeurs.

LES PHARISIENS

La religion juive reconnaît l'existence d'un Dieu unique et invisible. Comme dans toutes les religions, ses membres doivent se soumettre à un certain nombre de rites et de pratiques. Du temps de Jésus, un groupe de gens appelés les Pharisiens prétendaient mieux comprendre et mieux pratiquer les règles imposées par la religion juive. C'étaient en général des personnes riches et imposantes que les gens simples traitaient avec respect. Ils en profitaient pour imposer aux autres une religion plus soucieuse d'observances et de pratiques extérieures que de miséricorde et de justice.

L'arrivée de Jésus et sa grande popularité auprès des gens du peuple dérangent beaucoup les Pharisiens. Ce nouveau héros menace leur prestige, d'autant plus que Jésus ne se gêne pas pour les critiquer. Aussi, essaient-ils continuellement de le prendre en faute.

LA PÉCHERESSE

Malgré l'hostilité des Pharisiens à son égard, Jésus a quand même accepté de dîner chez l'un d'entre eux. Pendant le repas, une femme s'approche de Jésus. Comme c'est la coutume dans ce pays quand on veut rendre hommage à quelqu'un, elle verse du parfum sur les pieds de l'invité et les essuie avec ses cheveux. Les Pharisiens chuchotent entre eux:

— S'il était prophète, il saurait quelle sorte de femme le touche : c'est une pécheresse...

Jésus s'adresse à son hôte :

— Simon, j'ai quelque chose à te dire. Un homme riche avait prêté de l'argent à deux personnes, à l'une 500 deniers, et à l'autre 50 deniers. Comme ces deux débiteurs étaient pauvres, le prêteur décide un jour d'annuler leurs dettes. Lequel des deux l'aimera le plus ?

— Celui qui lui devait le plus, j'imagine...

— Alors, comprends cette femme et comprends-moi. Quand je suis entré chez toi, tu n'as pas versé d'eau sur mes pieds : elle, elle les a lavés de ses larmes et de son parfum, elle les a essuyés avec ses cheveux; elle a beaucoup donné d'elle-même.

C'est pourquoi je vais à mon tour lui faire un cadeau. Et Jésus dit à la femme :

— Va en paix, tes péchés te sont remis. Ta foi t'a sauvée.

Un jour les Apôtres demandent à Jésus s'il fallait pardonner jusqu'à sept fois. Il leur répond qu'il fallait pardonner soixante-dix-sept fois sept fois. C'est une façon de dire qu'il faut toujours être prêt à pardonner.

LA BREBIS ÉGARÉE

Au temps de Jésus, on élevait beaucoup de moutons en Palestine. Le berger menant son troupeau, c'était un spectacle quotidien et familier.

Profitant du passage de l'un de ces bergers, Jésus en tire une leçon que ses disciples peuvent facilement comprendre.

— Voyez, mes amis, comme ce pasteur sait prendre soin de son troupeau. Je suis le bon pasteur.

Le bon pasteur connaît ses brebis et ses brebis le connaissent... Le bon pasteur est prêt à donner sa vie pour ses moutons...

Lequel d'entre vous, s'il a cent brebis et vient à en perdre une, n'abandonne les quatre-vingt-dix-neuf autres pour aller chercher celle qui est perdue ? Et quand la brebis est retrouvée, le berger la met sur son épaule et revient chez lui pour faire la fête.

Et moi, je vous dis qu'il y a plus de joie au ciel pour un seul pécheur qui regrette ses fautes que pour les quatre-vingt-dix-neuf justes qui sont restés vertueux.

Celui qui s'égare a besoin de plus d'amour... J'ai encore d'autres moutons qui ne sont pas sous ma garde. J'ai l'intention d'aller les chercher et de les rassembler autour de moi.

Un jour, il n'y aura qu'un seul troupeau et qu'un seul pasteur.

LA MULTIPLICATION DES PAINS

Les curieux sont nombreux ce jour-là autour de Jésus : on estime leur nombre à 5000 personnes et plus. Fascinés par son éloquence, les gens l'ont suivi sans rien apporter à manger.

Le soir tombe et la faim se fait sentir. Les Apôtres chargés du ravitaillement sont bien embarrassés car on est trop loin de la ville pour aller aux provisions.

Va-t-on renvoyer chez eux ces gens affamés ?

Certains viennent de villes et de villages éloignés... Que faire ?

— On ne peut pas les laisser partir ainsi, dit Jésus aux Apôtres. Donnez-leur à manger.

— Mais nous ne pouvons pas nourrir une si grande foule, répondent ses amis : tout ce que nous avons, c'est cinq pains et deux poissons...

— Apportez-les ici, ordonne Jésus. Bénis soient ce pain et le blé d'où il provient.

Bénis soient ces poissons créés pour la nourriture de l'homme, murmure-t-il.

Puis Jésus rompt le pain et tend les poissons aux disciples pour qu'ils les distribuent à la foule.

Mais plus ils en donnent, plus il y en a ! Jésus avait multiplié les pains et les poissons !

Tous mangent jusqu'à satiété. Quand les disciples recueillent les restes, ils en ramassent encore douze corbeilles pleines.

Ce miracle a fait comprendre aux disciples que Jésus est soucieux de leur vie matérielle autant que de leur vie spirituelle.

JÉSUS MARCHE SUR LES EAUX

Ce soir-là, Jésus et ses apôtres se dirigent vers le lac de Tibériade. Les apôtres voudraient bien se reposer car ils ont eu une journée bien remplie.

Ils décident de monter dans leur barque et de passer sur l'autre rive. Ils invitent leur Maître à s'embarquer avec eux, mais Jésus décide de rester encore un peu avec les gens qui l'ont suivi après la multiplication des pains.

Les apôtres dirigent donc leur barque vers le milieu du lac.

Ils voient une silhouette qui s'avance sur l'eau. Ils ont très peur: ils croient que c'est un fantôme.

Mais ils entendent la voix du maître :

— N'ayez pas peur ! Rassurez-vous ! C'est moi, Jésus...

Alors, Pierre s'écrie :

— Si c'est vraiment toi, permets que j'aille te rejoindre en marchant sur l'eau comme toi !

—Viens ! répond Jésus

Pierre se met à marcher sur les eaux comme Jésus. Mais tout à coup, en se voyant debout sur les vagues, il perd confiance. Aussitôt, il se met à s'enfoncer. Jésus lui tend la main en lui disant :

— Homme de peu de foi ! Pourquoi as-tu douté ? Pourquoi n'as-tu pas cru en moi jusqu'au bout ? Te faire marcher sur l'eau, ce n'est pas plus difficile pour moi que de multiplier les pains, de guérir les malades et de pardonner les péchés...

Et Jésus rejoint ses amis dans la barque.

LE SERMON SUR LA MONTAGNE

Un jour, Jésus monte sur une colline pour s'adresser à la foule :

— Mes amis, aujourd'hui, j'ai des choses très importantes à vous dire. Ouvrez bien vos oreilles et écoutez-moi.

Soyez heureux, vous qui êtes pauvres dans votre coeur, vous qui n'êtes pas attachés à vos biens, vous qui n'enviez pas les richesses des autres : je vous promets la plus grande des richesses, je vous promets le Royaume de Dieu.

Soyez heureux, vous qui êtes doux et humbles, sans colère, sans méchanceté dans votre coeur : vous aurez la terre en héritage.

Soyez heureux, vous qui n'enviez pas les richesses des autres : je vous promets la plus grande des richesses, je vous promets le Royaume de Dieu.

Soyez heureux, vous qui êtes doux et humbles, sans colère, sans méchanceté dans votre coeur : vous aurez la terre en héritage.

Soyez heureux, vous qui pleurez aujourd'hui : je vous promets que vous serez merveilleusement consolés.

Soyez heureux, vous qui aimez la justice et qui la désirez : vous aurez ce que vous souhaitez.

Soyez heureux, vous qui savez pardonner, car vous serez pardonnés à votre tour.

Soyez heureux, vous qui avez un coeur simple et droit : vous saurez voir Dieu.

Soyez heureux, vous qui travaillez à installer la paix : vous êtes les enfants de Dieu et vous faites son ouvrage.

Soyez heureux même si les méchants vous font des misères, soyez heureux, car vous êtes mes amis.

LA TRANSFIGURATION

La Galilée était surnommée «la province aux cent collines».

Il arrivait souvent à Jésus de grimper sur l'une ou l'autre de ces collines pour prier et réfléchir. Ce jour-là, contrairement à ses habitudes,

Jésus demande à Pierre, Jacques et Jean de l'accompagner sur la montagne.

— Allons prier là-haut, leur propose-t-il.

Arrivé au sommet, Jésus s'éloigne un peu. Il se produit alors un phénomène étrange.

Sous les yeux des trois apôtres ébahis, Jésus est transfiguré : son visage devient lumineux, brillant comme le soleil, ses vêtements plus blancs que la neige. À côté de lui, apparaissent deux anciens prophètes, Moïse et Élie, avec lesquels Jésus semble s'entretenir. Pierre, Jacques et Jean sont remplis de crainte et d'admiration. Ils voudraient que ce moment privilégié dure toujours. Pierre s'écrie :

— Maître, on est bien ici avec toi et les prophètes. Si tu veux, je peux installer trois tentes, une pour toi, une pour Moïse et une pour Élie...

À ce moment, une voix qui vient du ciel proclame :

« Voici mon fils, celui que j'aime de tout mon coeur. Écoutez-le, faites ce qu'il vous dit. »

LA SAMARITAINE

Du temps de Jésus, la Palestine comprend trois régions : la Galilée au nord, la Samarie au milieu, et la Judée au sud. Jésus voyage souvent entre la Judée et la Galilée. Pour se rendre de l'une à l'autre, il doit passer par la Samarie.

Les Juifs de Judée et de Galilée n'aiment pas beaucoup les Samaritains. Chaque fois qu'ils traversent leur pays, ils se pressent afin de n'avoir pas à leur adresser la parole.

Un jour, en traversant la Samarie, Jésus s'arrête près d'un puits appelé le puits de Jacob. Pendant qu'il se repose, arrive une Samaritaine. Jésus lui dit :

— Donne-moi à boire.

— Comment ! Tu es juif et tu me demandes à boire à moi, une Samaritaine?

— Si tu savais le cadeau que Dieu te fait en ce moment... Si tu savais à qui tu parles... Si tu le savais, c'est toi qui me demanderais à boire. Et moi, je te donnerais une eau qui fait vivre pour toujours.

— Seigneur, comment ferais-tu ? Tu n'as rien pour puiser et le puits est profond. Serais-tu plus grand que notre ancêtre Jacob qui nous a donné ce puits ?

— Tu vois, tous ceux qui viennent boire cette eau ont encore soif; quelque temps après, tandis que ceux qui boiront de mon eau merveilleuse n'auront plus jamais soif.

— Seigneur, donne-moi de cette eau pour que je n'aie plus soif ainsi je n'aurai plus la peine de venir puiser de l'eau.

— Va à la ville chercher ton mari et reviens avec lui.

— Je n'ai pas de mari...

— Tu as raison de dire que tu n'as pas de mari, car tu en as eu cinq, et l'homme avec qui tu vis présentement n'est pas ton mari...

— Seigneur, je vois que tu es prophète puisque, sans me

connaître, tu sais tout ce que j'ai fait. Dis-moi comment agir, dis-moi où il faut aller prier.

— Ce n'est ni sur la montagne, ni à Jérusalem qu'il faut prier, mais dans son coeur, en esprit et en vérité.

— Je sais que le Messie doit venir pour nous guider...

— Le Messie, le Christ, c'est moi qui te parle...

Non seulement Jésus ne méprise pas les Samaritains, mais il parle avec bonté à la Samaritaine.

En entrant chez elle, la Samaritaine raconte aux gens de son village comment Jésus a vu clair en elle ; les Samaritains invitent Jésus à demeurer chez eux quelques jours.

JÉSUS ET LES ENFANTS

Souvent, des enfants se trouvent mêlés aux adultes qui entourent Jésus. Bien des mères juives essaient de lui présenter leurs petits dans l'espoir que le contact avec cet homme extraordinaire leur apporte quelque don. Mais les amis de Jésus essaient d'éloigner les enfants,

croyant qu'ils importunent leur maître. Jésus les réprimande en ces termes :

— Laissez venir à moi les petits enfants. Ils ne me dérangent pas, au contraire... car le Royaume des Cieux est fait pour eux et pour ceux qui leur ressemblent... Tout ce que vous ferez à ces petits en mon nom, c'est à moi que vous le ferez.

LE NOTRE PÈRE

Un jour, voyant Jésus prier, ses amis lui demandent :

— Seigneur, comment faut-il parler à Dieu ? Enseigne-nous à prier.

Jésus leur répond :

— Quand vous voudrez prier, n'imitez pas les hypocrites, ceux qui aiment se faire voir quand ils prient.

Quand vous voudrez prier, retirez-vous chez vous, fermez votre porte, et parlez à Dieu comme on parle à un père...

Il vous comprendra.

Voici comment il faut prier :

Notre père qui es aux cieux,
que ton nom soit sanctifié,
que ton règne vienne,
que ta volonté soit faite
sur la terre comme au ciel.

Donne-nous aujourd'hui
notre pain de ce jour.
Pardonne-nous nos offenses
comme nous pardonnons aussi
à ceux qui nous ont offensés.

Et ne nous soumets pas à la tentation,
mais délivre-nous du Mal.

L'AMI IMPORTUN

Les amis de Jésus s'inquiétaient de l'avenir ; Jésus les rassure en leur disant :

— Mes amis, ne vous faites pas trop de soucis : voyez les oiseaux dans le ciel, ils n'amassent pas de grain dans les greniers, et pourtant votre Père des cieux leur donne à manger. Voyez aussi les lis des champs : ils ne tissent pas d'étoffes, et cependant ils sont mieux habillés qu'un roi. Mes amis, Dieu ne vous abandonnera pas.

Occupez-vous d'abord de ses affaires... Écoutez bien : je vais vous raconter une histoire.

Imagine qu'un jour, toi, Philippe, tu reçoives la visite d'un ami qui arrive de voyage en plein milieu de la nuit... L'ami te dit :

— J'ai fait un voyage terrible. Je me suis fait voler mon âne là-bas dans les montagnes. J'ai dû venir à pied et je suis à bout de forces. Tu n'aurais pas un morceau à manger ?

— Ça tombe mal, il ne reste plus une croûte de pain dans la maison... Reste ici, je vais aller en chercher.

Frappant chez le voisin, tu lui demandes :

— Hé ! voisin ! Peux-tu me prêter du pain ?

— Il est tard, c'est l'heure de dormir ! dit le voisin. Laisse-moi tranquille.

— Je t'en prie, voisin. Un de mes amis est arrivé de voyage et je n'ai rien à lui offrir... Tu ne peux me refuser ce service ! Je te le rendrai à l'occasion.

Là-dessus, le voisin répond :

— Ah ! c'est bon ! Je vais te les donner, tes pains, mais c'est bien pour me débarrasser de toi.

— Avez-vous compris cette histoire ? demanda Jésus. Elle signifie qu'il ne faut pas hésiter à prier quand on est dans le besoin. Demandez et l'on vous donnera. Frappez et l'on vous ouvrira.

ZACHÉE

Un jour, Jésus traverse la ville de Jéricho ; un homme nommé Zachée cherche par tous les moyens à le rencontrer. Comme il est petit de taille, il grimpe à un arbre afin d'apercevoir le Maître par-dessus la foule.

Arrivé à cet endroit, Jésus lève les yeux et dit :

— Zachée ! vite, descends car j'ai décidé d'aller loger chez toi.

Tout joyeux, Zachée descend de son arbre et court chez lui pour préparer la venue de son invité. Zachée était percepteur d'impôts : ces gens étaient mal vus des autres Juifs car ils avaient la réputation d'être malhonnêtes et de collaborer avec les occupants romains. Voyant Jésus chez Zachée, les gens murmurent :

— Il fréquente un pécheur !

Zachée s'écrie alors :

— Seigneur, je veux donner la moitié de mes biens aux pauvres ; si j'ai fait du tort à quelqu'un, je lui rendrai le quadruple !

Là-dessus, Jésus déclare à la foule :

— Aujourd'hui, cette maison a reçu le salut.

JÉSUS ET LA RICHESSE

Dans la société où vit Jésus, il y a des pauvres et des riches. Bien sûr, les riches sont des gens qu'on envie. Cependant, Jésus, loin de convoiter les biens matériels, prévient ses disciples contre leur emprise.

— N'amassez pas de trésors sur la terre où il peut leur arriver toutes sortes d'accidents, répète-t-il ; les vêtements peuvent être endommagés par les mites ; les provisions peuvent se gâcher...

Rien ne dure ici-bas. Il vaut mieux amasser un trésor dans le ciel, là où personne ne peut le détruire.

Un jour, Jésus raconte cette histoire :

Il y avait une fois un homme très riche. Il vivait dans une magnifique maison ; il était vêtu des tissus les plus fins, aux couleurs les plus à la mode.

Chaque jour, ses serviteurs lui servaient des repas tellement abondants qu'il n'arrivait pas à goûter tous les plats.

Un jour qu'il s'était installé sur sa terrasse pour manger en plein air, arrive un pauvre homme nommé Lazare.

Ce démuni était affamé. Timidement, il s'approche de la terrasse, espérant qu'on lui donnera quelque chose à manger.

Mais les convives sont trop occupés à faire la fête pour tenir compte de sa présence.

— Ah ! si seulement on me donnait les miettes qui tombent de cette table soupire le mendiant.

Mais le riche détourne les yeux ; il ne veut rien savoir de la misère d'autrui.

Voulez-vous savoir ce qui est advenu du pauvre Lazare et de l'homme fortuné ?

Le pauvre Lazare mourut. Un peu plus tard, le riche mourut lui aussi. Lazare s'est retrouvé au ciel avec les grands prophètes tandis que le mauvais riche en a été rejeté.

Le mauvais riche souffrait et appelait Lazare à son secours. Mais Lazare ne pouvait plus rien pour lui.

Ceux qui sur la terre n'auront pas eu d'amour pour les autres seront exclus du Royaume de Dieu.

LE PÈRE MISÉRICORDIEUX

Voici une autre histoire qu'a racontée Jésus.

— Un père avait deux fils... Cet homme possédait une ferme et quelques troupeaux qu'il se proposait de laisser à ses enfants à sa mort. Un jour, le plus jeune vient trouver son père et lui demande la part de la fortune familiale qui lui revient car il veut aller en voyage.

Le père pense que son fils est encore bien jeune pour courir les routes, mais il lui donne quand même sa part d'héritage. Aussitôt, le fils quitte la maison paternelle. Arrivé dans un pays lointain, le garçon rencontre des jeunes gens de son âge avec qui il fait tous les jours la fête, dépensant son bien sans compter. Mais vient un jour où, ayant tout gaspillé, le fils prodigue n'a plus un sou en poche. Alors, tous ses beaux amis l'abandonnent : finis les festins et les fêtes ! Le jeune homme est obligé de vendre tout ce qu'il possède pour survivre. Mourant de faim, il accepte un emploi humiliant : il devient gardien de porcs.

Un jour, il se dit:

— Combien d'ouvriers de mon père ont du pain tant qu'ils en veulent pendant que moi, son fils, je meurs de faim ici. Je sais ce que je dois faire. Je vais retourner chez nous et je demanderai à mon père de me prendre à son service, comme un de ses ouvriers.

Le fils prodigue s'en retourne donc vers son père qu'il regrette d'avoir abandonné. Il est encore loin sur la route quand son père l'aperçoit. Voyant son enfant si mal vêtu, le père en a pitié. Ce n'est pas le fils coupable qui va vers son père, mais bien le père qui court vers son fils.

— Pauvre enfant, dans quel état es-tu ! Serviteurs, vite venez ! Apportez de beaux habits pour mon fils. Apportez aussi des chaussures. Qu'on tue le veau gras ! Qu'on fasse une grande fête! Je suis si heureux : je croyais avoir perdu mon enfant et je l'ai retrouvé !

Mais le fils aîné qui revient de travailler aux champs est fâché qu'on accueille ainsi son frère. Alors son père lui dit :

— Écoute mon fils : toi, tu es demeuré avec moi et j'ai partagé avec toi les petits bonheurs quotidiens. Ton frère n'a pas eu cette joie pendant son absence. Maintenant qu'il est là, laissons-nous aller à la fête !

C'est comme ça que Dieu nous aime, explique Jésus, comme un père toujours prêt à aller au-devant de ses enfants même s'ils ont eu des torts.

LE BON SAMARITAIN

Parmi la foule qui entoure Jésus, il y a presque toujours des scribes, des Pharisiens et des docteurs de la loi. Ces représentants officiels de la religion juive sont très ennuyés par la popularité de Jésus.

Eux qui prétendent connaître la loi de Dieu mieux que personne, ils n'aiment pas beaucoup qu'un simple charpentier se mette à prêcher au peuple. Aussi, essaient-ils constamment de le prendre en faute.

Ce jour-là, un scribe cherche querelle à Jésus.

— Maître, qu'est-ce que je dois faire pour avoir la vie éternelle ?

— Tu es docteur de la loi, tu dois donc la connaître, cette loi. Qu'est-ce qu'on dit dans les Écritures ?

— La loi dit : « Tu aimeras le Seigneur ton Dieu de tout ton coeur, de toute ton âme et de toutes tes forces. »

— Et ensuite ?

— « Et tu aimeras ton prochain comme toi-même. »

— C'est bien cela. Tu n'as qu'à suivre ces commandements et tu auras la vie éternelle.

— Mais dis-moi, qui est mon prochain ?

— Écoute bien : je vais te raconter une histoire...

Un jour, un homme s'en allait tout seul sur la route entre Jérusalem et Jéricho. La distance entre ces deux villes n'est pas très grande, mais vous savez tous que c'est une route très dangereuse ; souvent, des voleurs se cachent dans les taillis, prêts à attaquer les voyageurs sans défense. C'est justement ce qui est arrivé à notre promeneur solitaire.

Deux brigands se jettent sur lui, le battent à coups de bâtons et se sauvent avec son bagage, laissant notre homme blessé, à moitié inconscient, abandonné sur le bord de la route...

Voici que sur le même chemin s'avance un prêtre, un ministre de la religion, quelqu'un qui devrait donner l'exemple. Qu'est-ce qu'il fait ? Aussitôt qu'il aperçoit le blessé, il passe de l'autre côté de la route en détournant la tête. Il se dit : « Cette région n'est pas sûre, il n'y a pas de risque à prendre... » Arrive ensuite un lévite, un employé du temple, lui aussi est au service de la religion. Il hâte le pas lorsqu'il aperçoit le blessé. Il a peur, il se sauve.

Vous savez tous que les Samaritains sont détestés par les Juifs : ils passent pour des traîtres et même pour des païens. Alors, arrive sur la route un Samaritain. Il aperçoit le malheureux voyageur qui gémit, couvert de blessures. À cette vue, son coeur est bouleversé. Il descend de sa monture sans se demander si les voleurs ne sont pas encore à l'affût. De son sac, il tire de l'huile et du vin. Il panse les blessures du malheureux et le fait monter sur son âne. Le bon Samaritain conduit le blessé à une auberge. Il le confie à l'aubergiste.

Voilà la fin de mon histoire. Dites-moi, monsieur le scribe, dans cette histoire, qui est celui qui aime son prochain ?

— Hum ! Je crois bien que c'est celui qui a eu pitié du malheureux.

— Va, et fais comme lui.

L'HUMBLE ET L'ORGUEILLEUX

Pour donner une leçon aux Pharisiens, Jésus raconte cette histoire :

— Un Pharisien et un publicain se présentent au temple pour prier. Le Pharisien, superbe et orgueilleux, s'avance lentement, faisant tout pour qu'on le voie passer.

Il prie en se faisant remarquer.

« Mon Dieu, je te remercie de m'avoir fait différent des autres hommes. Je suis un Pharisien : c'est tout dire ; je suis bon. Les autres sont voleurs, injustes, méchants... Par exemple, ce publicain qui est derrière moi, il n'ose s'avancer parce que c'est un pécheur. Mais moi, je jeûne deux fois la semaine, je donne beaucoup d'argent au temple, je fais tout ce que dit la loi. Mon Dieu, tu dois sûrement aimer les hommes comme moi, ceux qui sont meilleurs que les autres... »

— Voilà comment priait le Pharisien. Derrière lui, un publicain s'est avancé discrètement, en longeant les murs... Il ne veut surtout pas être remarqué. Il prie tout bas en baissant la tête et en se frappant la poitrine :

« Mon Dieu, je suis un publicain, donc un pécheur... Je ne suis pas comme ce Pharisien qui peut se vanter de ses bonnes actions. Mais, Seigneur, je t'aime, tout pécheur que je suis. Je t'en prie, aie pitié de moi... »

— Alors, selon vous, lequel, du Pharisien ou du publicain, a réussi à plaire à Dieu ?

— C'est le Pharisien, bien sûr.

— Vous vous trompez, mes amis. Celui qui plaît à Dieu, c'est le publicain.

Celui qui s'élève sera abaissé, mais celui qui s'abaisse sera élevé...

GUÉRISON D'UN AVEUGLE

Jésus vient de prêcher aux abords du temple de Jérusalem.

Il s'en retourne vers la sortie de la ville en compagnie de quelques disciples, lorsqu'ils aperçoivent un aveugle en train de mendier près de l'entrée du temple.

— Dis-moi, Seigneur, qui a péché, de lui ou de ses parents, pour qu'il soit né aveugle ? demande un des disciples.

— Vous n'y êtes pas du tout, mes amis ; cet homme n'est pas coupable, non plus que ses parents. Cependant, son infirmité va me donner l'occasion de vous prouver la puissance de Dieu...

Jésus, se conformant à une croyance populaire voulant que la salive ait le pouvoir de guérir, forme un peu de boue avec de la salive et de la terre et applique cette pâte sur les yeux de l'aveugle.

— Et maintenant, va te laver à la piscine de Siloé, lui dit-il.

L'infirme fit ce que Jésus lui avait commandé et il fut guéri. Les badauds décident d'amener l'ex-aveugle aux Pharisiens qui se mettent à le questionner.

— Allons, mon ami, il paraît que tu étais aveugle et que maintenant tu vois clair. Raconte-nous ce qui t'est arrivé.

— C'est Jésus de Nazareth. Il m'a mis de la boue sur les yeux, je suis allé me laver à la piscine de Siloé et maintenant je vois.

— Et quand cela s'est-il passé?

— C'était hier, monsieur, hier après-midi.

— Hier ? Mais c'était le jour du sabbat ! On n'a pas le droit de travailler le jour du sabbat !

Ce Jésus de Nazareth est un pécheur !

— Vous pouvez bien dire que c'est un pécheur, mais moi qu'il a guéri je dirais plutôt que c'est un prophète... Je ne suis pas savant comme vous, mais je pense que seul Dieu peut faire des miracles.

Et si Jésus de Nazareth m'a ouvert les yeux, c'est parce qu'il parle au nom de Dieu...

— Espèce d'impertinent. Espèce de malappris !
Tu n'es qu'un ignorant, un pécheur, et tu viens nous faire la leçon !
Sors d'ici avant qu'on te chasse à coups de bâtons !

Les Pharisiens ne peuvent rien devant le gros bon sens de l'ex-aveugle.

Celui-ci n'est pas un savant, mais le miracle dont il a été l'objet en a fait un partisan convaincu de Jésus de Nazareth.

LE ROYAUME DE DIEU

Au cours de ses rencontres avec les foules de Palestine, Jésus fait souvent allusion au Royaume de Dieu.

Il essaie d'expliquer à ses disciples et à la foule ce qu'il entend par là. Pour se faire comprendre, il emploie des comparaisons tirées de la vie quotidienne des gens de son temps :

« Le Royaume des cieux est semblable à un grain de sénevé, une minuscule graine de moutarde qu'un homme plante dans son champ. C'est la plus petite de toutes les semences, mais quand elle a poussé, elle devient un arbre, et les oiseaux du ciel viennent s'abriter dans ses branches.

« Mes amis, le Royaume de Dieu est d'abord dans votre coeur. Si vous le laissez entrer, il finira par grandir et par prendre toute la place.

Le Royaume de Dieu est aussi comme le levain qu'une femme mêle à la farine pour faire du pain. Le levain, ça n'a l'air de rien, mais au bout de quelque temps, voilà que la pâte a levé, elle a doublé de volume. Le Royaume de Dieu, c'est donc comme le levain qui se mêle à votre vie et la transforme. »

Si les disciples commencent à comprendre ce que Jésus veut dire quand il parle du Royaume de Dieu, la plupart des gens qui les entourent n'arrivent pas à saisir le sens de ces paraboles.

Par exemple, il y a la mère des deux apôtres Jacques et Jean. Elle a beaucoup d'ambition pour ses fils et elle a des idées bien arrêtées sur ce fameux Royaume dont parle Jésus.

Elle s'approche du Maître et lui dit :

— Jésus, Jésus de Nazareth. Je sais que tu aimes bien mes fils, Jacques et Jean. Ils t'ont suivi depuis le début de tes voyages : ce sont tes plus fidèles amis.

Quand tu seras dans ton Royaume, j'aimerais que tu leur accordes

des postes importants : qu'ils soient l'un à ta gauche, et l'autre à ta droite. Et moi, leur mère, je saurai alors qu'ils ont bien réussi dans la vie...

— Tu ne sais pas ce que tu demandes, répond Jésus. Tu t'imagines que le Royaume de Dieu, c'est un État terrestre... Et vous, Jacques et Jean, vous ne savez pas ce qui vous attend ; êtes-vous prêts à me suivre jusqu'au bout ?

— Oh ! oui, Seigneur ! Nous resterons avec toi... Nous te suivrons partout.

— Très bien. Mais je vous avertis, ce sera difficile. Quant à savoir qui sera à ma droite et qui sera à ma gauche, c'est à mon Père du ciel d'en décider...

LE SEMEUR

En parcourant les routes de son pays, Jésus passait devant des fermes.

En voyant les paysans occupés aux travaux agricoles, Jésus trouvait l'inspiration pour les histoires ou paraboles qu'il racontait à ses disciples.

Il disait :

« Mes amis, écoutez l'histoire du semeur.

Un semeur était sorti pour semer.

Il n'était pas avare ; il semait le grain à pleines poignées.

Une partie des grains est tombée sur la route.

D'abord les voyageurs ont marché dessus. Puis, les oiseaux ont mangé ce qui en restait.

Une autre partie des grains est tombée sur un sol pierreux. Ils ont poussé mais se sont vite desséchés car ils manquaient d'humidité.

D'autres grains sont tombés dans les ronces. Les épines les ont étouffés.

Enfin, la plus grande partie des grains est tombée dans la bonne terre. Ils ont bien poussé et, au temps de la récolte, ils ont donné beaucoup d'épis. »

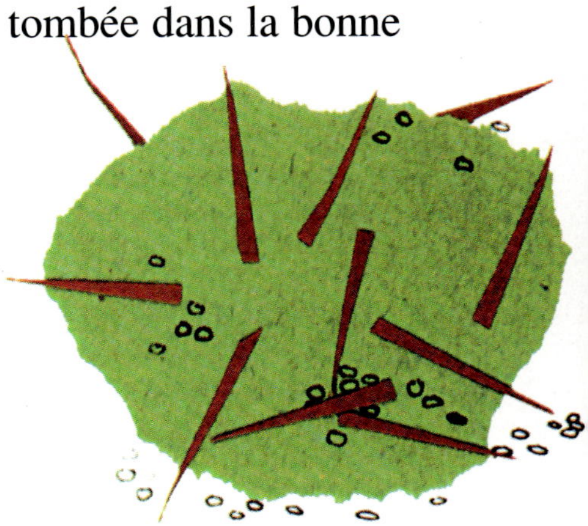

Un disciple demanda :

— Maître, tu racontes de belles histoires, mais nous ne comprenons pas toujours ce que tu veux nous dire. Je t'en prie, explique-nous l'histoire du semeur.

— La semence, le bon grain, c'est la parole de Dieu... Le grain qui tombe sur la route, c'est la parole de Dieu qui tombe sur un coeur fermé : la semence se disperse et l'esprit mauvais l'emporte.

Le grain qui tombe parmi les pierres, c'est la parole de Dieu qui arrive chez des gens étourdis : à la première difficulté, elle est oubliée. Le grain qui tombe dans les épines fait penser à un homme qui entend la parole de Dieu, mais ses préoccupations et ses soucis étouffent la semence. La bonne terre, ce sont ceux qui sont bons et généreux.

La parole de Dieu peut grandir et profiter car ils l'écoutent, la comprennent et la conservent dans leur coeur pour la mettre en pratique.

LE BON GRAIN ET L'IVRAIE

Jésus raconte cette autre histoire tirée de la vie agricole de son temps : le bon grain et l'ivraie.

L'ivraie est une mauvaise herbe qui nuit à la croissance du blé. Il est difficile de l'enlever des champs cultivés, car cette plante se mêle aux pousses de blé. Jésus raconte donc :

« Un fermier avait semé du blé dans son champ. Tandis qu'il dormait, son ennemi est venu et il a semé de l'ivraie parmi le bon grain. Son serviteur lui dit :

— Maître, viens voir ton champ ! Le blé a poussé, mais il y a plein de mauvaises herbes parmi les tiges de bon blé.

Le maître répond :

— C'est mon ennemi qui a fait ça.

— Si tu veux, j'irai arracher la mauvaise herbe.

— Il vaut mieux la laisser pousser, car si on l'arrache maintenant, on risque de déraciner le blé.

— Qu'est-ce qu'on va faire alors ?

— Nous allons les laisser croître ensemble jusqu'au temps de la moisson. Alors, je dirai aux moissonneurs :

« Ramassez l'ivraie, liez-la en bottes, pour la jeter au feu. Ramassez aussi le blé et gardez-le dans mon grenier. »

Comprenez-vous le sens de cette histoire ?

Le semeur, c'est moi. Le champ, c'est le monde de tous les temps, de tous les pays.

Le bon grain, ce sont les fidèles, ceux qui aiment Dieu.

L'ivraie, ce sont ceux qui le refusent et le combattent.

L'ennemi, ce sont les forces du mal. »

LA RÉSURRECTION DE LAZARE

Dans le village de Béthanie, Jésus a un ami du nom de Lazare qui vit avec ses deux soeurs, Marthe et Marie. Quand Jésus est de passage à Jérusalem, il ne manque pas d'aller rendre visite à son ami car le village de Béthanie est situé tout près de cette grande ville. Un jour, Jésus revient d'une tournée en Galilée. Tout à coup, arrive un messager.

— Jésus de Nazareth ! Écoute-moi : j'arrive de Béthanie ; je t'apporte des nouvelles de ton ami Lazare.

— Ah ! mon ami Lazare ! Approche-toi, messager. Dis-moi, comment va mon ami ?

— Les nouvelles ne sont pas très bonnes, maître. Lazare est très malade. Ses deux soeurs aimeraient que vous veniez le visiter : elles disent que vous pouvez le guérir...

— Nous irons en Judée, chez mon ami Lazare. Il s'est endormi : je vais aller le réveiller..Quand Jésus arrive à Béthanie, Lazare est dans

sa tombe depuis quatre jours. Sa soeur Marthe vient en pleurant à la rencontre de Jésus.

— Seigneur, si tu avais été là, mon frère ne serait pas mort.

— Ton frère va vivre de nouveau, lui répond-il.

Indiquant la pierre qui ferme le tombeau, Jésus dit aux serviteurs :

— Enlevez cette pierre.

— Seigneur, mon frère est dans sa tombe depuis quatre jours déjà, proteste Marthe.

— Est-ce que tu n'as pas confiance en moi ? Laisse-moi faire. celui qui croit en moi, même s'il est mort, il vivra. Allons, poussez cette pierre ! Lazare, viens ici !

Et Lazare, enveloppé de son linceul, se lève et sort de la tombe.

Jésus avait pleuré des larmes humaines devant la mort de son ami. Mais, comme il est le maître de la vie et de la mort, il a ramené son ami Lazare à la vie.

LES ENNEMIS DE JÉSUS

Jésus s'approche de la ville de Jérusalem où il a décidé de venir fêter la Pâque juive.

Mais ses ennemis se sont concertés pour s'emparer de lui. Ensemble, les Pharisiens et les membres du Sanhédrin ont décidé de le faire mourir.

Ils demandent à leurs amis romains de chercher à savoir où Jésus se tiendra afin de le faire arrêter par leurs soldats.

À partir de ce jour, le cercle se referme autour du Seigneur ; on le suit, on le surveille, on essaie de le prendre au piège.

Mais Jésus n'entre pas tout de suite dans la ville. Il s'attarde dans le désert, entouré de ceux qui l'aiment. Il sait bien ce qui se trame autour de lui.

Malgré les dangers qui le menacent, il se prépare à entrer à Jérusalem. Ses ennemis s'en réjouissent :

ils guettent le moment où il sera relativement seul pour l'arrêter et, croient-ils, pour le faire taire à jamais.

L'ENTRÉE À JÉRUSALEM

Jésus décide enfin d'entrer à Jérusalem.

Il dit à ses disciples :

— Mes amis, j'ai un service à vous demander. Allez au village tout près d'ici. À côté de la première maison, vous verrez un petit âne que personne n'a jamais monté. Détachez-le et amenez-le-moi. Si quelqu'un vous pose des questions, vous direz que le Seigneur a besoin de cet âne.

Jésus sait que ses ennemis n'attendent que l'occasion de s'emparer de lui.

En entrant dans Jérusalem, il prend de grands risques, mais des centaines de gens s'attendent à le voir entrer dans la ville.

La plupart de ses admirateurs sont convaincus qu'il est le Messie, un Messie conquérant qui vient les délivrer.

Jésus accepte les hommages que le peuple veut lui rendre, car il juge important qu'on le voie triompher avant de le voir humilié. Dès qu'il entre dans la ville, la foule l'acclame :

— Hosanna ! Béni soit le Seigneur ! crie-t-on de toutes parts.

C'est un véritable triomphe ; des manteaux de toutes les couleurs forment un véritable tapis sous les pas de Jésus ; on monte aux arbres, on coupe des branches, on les agite au rythme des acclamations.

À mesure que le cortège avance dans la ville, il ne peut s'empêcher d'être triste en songeant que malgré son triomphe, les autorités de Jérusalem sont contre lui.

— Jérusalem ! Que de fois j'ai voulu rassembler tes enfants comme la poule rassemble ses poussins sous ses ailes, mais tu ne l'as pas voulu, soupire-t-il.

JUDAS, LE TRAÎTRE

Pendant que le cortège parcourt la ville, un Pharisien s'empresse d'aller porter la nouvelle à l'assemblée des prêtres.

Ceux-ci veulent bien arrêter Jésus, mais ils craignent les réactions de la foule.

Ils voudraient s'emparer de lui pendant la nuit, quand il sera seul, mais ils ne savent pas où il se trouvera.

Pour arriver à le localiser, ils promettent une récompense en argent à quiconque les aiderait à cerner celui qu'ils cherchent.

Parmi les douze Apôtres que Jésus avait choisis et qui le suivaient partout, il y avait un nommé Judas Iscariote.

Cet homme aimait l'argent. Il avait toujours suivi Jésus par intérêt, croyant que le Royaume dont il parlait était un royaume matériel et que les amis de Jésus deviendraient riches un jour. Judas Iscariote s'en va trouver les prêtres.

Pour quelques pièces d'argent, il consent à trahir son maître.

LA DERNIÈRE CÈNE

Jésus et ses Apôtres ont préparé le repas traditionnel qui ouvre les cérémonies de la grande fête de Pâque.

Tout est installé sur une grande table dans une salle qu'un ami leur a prêtée. Les voilà réunis autour du repas pascal.

Jésus leur dit :

— Mes amis, écoutez-moi. Voici du pain : je veux le partager avec vous.

Prenez et mangez, ceci est mon corps...

Voici maintenant du vin : buvez-en tous, car ceci est mon sang, le sang d'une alliance nouvelle entre Dieu et son peuple, mon sang qui sera répandu pour vous sauver.

Ce que je viens de faire, faites-le vous-mêmes en mémoire de moi.

Au cours du repas, Jésus prend une cruche d'eau et un linge et se met à laver les pieds de ses amis. Lorsque son tour arrive, Pierre s'écrie:

— Ah ! non, Seigneur ! Je ne veux pas que tu me laves les pieds! Tu n'es pas mon esclave.

— Si tu ne me permets pas de te laver les pieds, tu ne pourras plus être mon ami.

— Dans ce cas, tu peux bien me laver de la tête aux pieds si tu veux.

Après avoir accompli ce geste ordinairement réservé aux serviteurs, Jésus dit à ses amis :

— Comprenez-vous ce que je viens de faire ?

Vous m'appelez Maître et Seigneur et vous avez raison, car je le suis. Si donc je vous ai servis, moi qui suis votre Maître, vous devez faire comme moi et être au service de tous.

Jésus sait que très bientôt il sera séparé de ses amis. Il veut leur donner un dernier message.

— Mes amis, bientôt je ne serai plus parmi vous.

Vous me chercherez, mais là où je vais, vous ne pouvez me suivre pour le moment... Je vous donne un nouveau commandement : aimez-vous les uns les autres comme je vous ai aimés...

Vous, mes amis, on vous reconnaîtra parmi les autres hommes par l'amour que vous aurez les uns pour les autres...

Cet amour, d'après Jésus, ne doit pas s'adresser seulement aux gens qui nous sont agréables, mais bien inclure aussi ceux qui nous le sont moins.

—Aimer ceux qui vous aiment, disait-il, est à la portée de n'importe qui.

Mes vrais amis sauront en plus aimer ceux qui leur font du tort.

LE JARDIN DE GETHSÉMANI

La ville de Jérusalem était bâtie sur une série de collines entrecoupées de petits cours d'eau.

De l'autre côté d'un ruisseau appelé le Cédron, sur une colline nommée le Mont des Oliviers, on avait aménagé une sorte de parc, le jardin de Gethsémani ; Jésus aimait aller s'y promener ; c'est là qu'après le repas de fête, il conduit ses Apôtres.

— Attendez-moi ici, mes amis, je vais aller prier un peu plus loin. Je me sens triste à en mourir. Veillez et priez avec moi...

Mais lorsque Jésus revient les Apôtres se sont endormis.

— Mes amis, vous dormez... Vous n'avez même pas pu veiller une heure avec moi... Vous devriez être en train de prier, car nous allons vivre des moments difficiles.

Mais voyant qu'ils ne bougeaient pas, il ajoute :

— Dormez, mes amis. De toute façon, il est trop tard maintenant ; personne ne peut plus rien pour moi...

Celui qui doit me trahir est proche...

Les soldats arrivent, conduits par Judas, et Jésus est fait prisonnier.

JÉSUS DEVANT LE SANHÉDRIN

Au cours de cette même nuit, on amène Jésus devant le Sanhédrin, c'est-à-dire devant l'assemblée des prêtres. Ce sont eux qui ont versé les trente deniers à Judas comme prix de sa trahison ; ils veulent absolument condamner Jésus à mort, mais il leur faut trouver un motif.

Allons, messieurs, vous avez devant vous Jésus de Nazareth, cet agitateur public.

De quoi au juste l'accusez-vous ? demande le Grand Prêtre.

— Cet homme a dit : je peux détruire le temple de Dieu et le rebâtir en trois jours.

— Tu ne réponds rien à cette accusation ? Je t'adjure au nom de Dieu de nous dire si tu es le Christ, le fils de Dieu.

— Tu l'as dit, je le suis.

— Il a blasphémé. Il mérite la mort.

L'assemblée des prêtres veut condamner Jésus à mort, mais comme le peuple juif est sous la domination romaine, seul le gouverneur romain peut rendre une telle sentence.

JÉSUS DEVANT PILATE

Au matin, on amène donc Jésus devant Pilate, le représentant de l'empereur.

—Es-tu le roi des Juifs ? demande Pilate.

— Mon Royaume n'est pas de ce monde..., répond Jésus.

— Alors, tu es donc roi ?

— Je suis roi et je suis venu en ce monde pour apporter la vérité.

— Qu'est-ce que la vérité ? reprend Pilate.

Puis il poursuit :

— Il me vient une idée : à l'occasion de la Pâque, c'est la coutume de libérer un prisonnier. Je vais donc laisser le peuple choisir entre Jésus que voici, et ce dangereux bandit nommé Barrabas.

Malheureusement, le peuple choisit Barrabas.

— Je ne vois toujours aucune raison de condamner cet homme, dit Pilate. Si vous voulez le faire mourir, faites-le, mais je m'en lave les mains. Que son sang retombe sur vous.

Les prêtres ont obtenu ce qu'ils voulaient : la permission de condamner Jésus à mort.

JÉSUS MIS À MORT

Dans la Palestine de ce temps-là, les Romains avaient introduit une façon très cruelle de faire mourir un condamné : on le ligotait sur une croix de bois qu'on dressait aux portes de la ville. Voilà l'affreux supplice choisi pour Jésus.

Cloué sur la croix entre deux larrons. Jésus se met à prier.

— Mon Dieu, pourquoi m'avez-vous abandonné ? s'écrie-t-il. Père, pardonnez-leur, car ils ne savent pas ce qu'ils font.

L'heure approche où Jésus devra mourir. Il est trois heures.

Au pied de la croix se tient Marie sa mère. D'autres femmes qui

avaient suivi Jésus ainsi que Jean, le disciple bien-aimé, sont témoins du drame. Des soldats romains surveillent.

— Tout est accompli. Père, je remets mon âme entre vos mains, dit Jésus en expirant.

Alors, le ciel s'obscurcit, la terre tremble, le voile du temple se déchire en deux. Le Fils de Dieu, en acceptant de prendre la condition humaine, avait accepté de subir la souffrance et la mort.

LE TOMBEAU VIDE

Depuis le vendredi précédent à trois heures de l'après-midi, Jésus de Nazareth est mort. Les quelques parents et fidèles qui l'ont suivi jusqu'à la fin l'ont vu expirer sur la croix. Un disciple de Jésus nommé Joseph d'Arimathie est venu réclamer son corps afin de le mettre au tombeau selon les coutumes juives.

Chez les Juifs du temps de Jésus, on plaçait les morts dans un caveau creusé à même une falaise rocheuse. On y étendait le corps arrosé de parfums. On fermait ensuite l'entrée de cette caverne à l'aide d'une grosse pierre très lourde de forme ronde et plate. C'est donc ainsi, selon la coutume du temps, qu'on avait mis Jésus au tombeau. Il fallait faire vite, car on était un vendredi, veille du sabbat ; tout devait être terminé avant le coucher du soleil si on voulait se conformer à la loi.

Nous voici au dimanche suivant. À l'aube de ce jour, la terre tremble et un messager de Dieu vient rouler la pierre qui fermait le tombeau. Pendant ce temps, trois amies de Jésus, Marie de Magdala, Salomé et Marie, la mère de Jacques, avaient décidé d'aller porter des parfums dans la tombe. Ces trois femmes se mettent donc en route dès la première heure, le dimanche matin. Mais, dans leur empressement, elles avaient oublié une chose : la lourde pierre qui fermait l'entrée du tombeau. Cependant, en arrivant, elles constatent que la pierre a été poussée et que la tombe est vide !

— Marie ! Salomé ! venez voir ! Le corps de Jésus n'est plus là! Quelqu'un l'a enlevé..., s'écrie Marie-Madeleine.

Alors, un messager de Dieu leur dit :

— Ne craignez pas. Vous cherchez Jésus de Nazareth ; il est ressuscité comme il vous l'avait annoncé.

Les femmes s'empressent d'aller retrouver les Apôtres. Avec un doute mêlé d'espoir, Pierre et Jean se rendent au tombeau. Ils constatent eux aussi que la tombe est ouverte et que le linceul de Jésus est remisé dans un coin.

Ils ne comprennent pas. Ils retournent consulter leurs amis.

MARIE DE MAGDALA AU TOMBEAU

Cependant, Marie de Magdala n'arrive pas à se résigner à la disparition du corps de son grand ami ; elle ne croit pas vraiment à la résurrection.

En pleurant, elle revient seule au tombeau pour essayer d'éclaircir le mystère. Elle rencontre un homme qu'elle prend pour le jardinier.

— On a enlevé le corps de mon Seigneur ; je ne sais pas où on l'a mis. Si c'est toi qui l'as emporté, dis-moi où il est et j'irai le reprendre.

— Marie..., murmure Jésus.

— Maître ! C'est toi ! C'est bien toi !

— Ne me retiens pas, je ne peux pas rester avec toi... Je dois rejoindre notre Père à tous... Va le dire aux autres.

Marie de Magdala s'empresse de rejoindre les disciples. Elle leur annonce :

— J'ai vu le Seigneur. Jésus est vivant ! Il est ressuscité comme il l'avait promis !

LES DISCIPLES D'EMMAÜS

Le jour de Pâques, deux disciples de Jésus se rendent de Jérusalem à Emmaüs. Ils ne savent pas encore que leur Maître est ressuscité. En route, ils échangent leurs impressions sur la mort de Jésus. Ils sont tout tristes à cause des événements douloureux qu'ils viennent de vivre. Tout à coup, un passant s'approche :

— Bonjour, mes amis. Vous permettez que je fasse un bout de chemin avec vous ?

— Bien sûr, à plusieurs la route paraît moins longue.

— Je crois que j'ai interrompu votre conversation. De quoi parliez-vous donc ?

— Nous parlions de ce qui s'est passé à Jérusalem il y a deux jours... C'est ce qui nous rend tellement malheureux.

— Ah ! Mais que s'est-il passé de si terrible ?

— Tu es bien le seul à ne pas le savoir : tu n'as pas entendu parler de la mort de ce grand prophète, Jésus de Nazareth ?

Jésus, car c'était lui, se met à leur parler longuement des prédictions des prophètes :

— Comme il vous faut du temps pour croire à ce que les prophètes avaient annoncé très clairement. Ne comprenez-vous pas qu'il fallait que le Christ souffrît tout ce qu'il a souffert pour parvenir à la gloire ?

Tout en marchant, Jésus discute avec ses compagnons, mais ceux-ci ne le reconnaissent pas. Il leur cite les grands prophètes qui ont annoncé la venue du Messie, à commencer par le prophète Moïse. Sa connaissance des Écritures et la clarté de ses commentaires fascinent les deux disciples. Le chemin leur semble très court; les voilà bientôt rendus chez eux. Malgré les explications de Jésus, malgré ses connaissances de l'Écriture sainte, ils ne l'ont toujours pas reconnu. Cependant, ils se sentent le coeur tout réchauffé en sa présence.

Sur leur invitation, Jésus accepte de partager leur repas. Il s'installe à table avec ses deux amis, il prend le pain, le bénit, le rompt, et le partage avec les convives. Devant ce geste, leurs yeux s'ouvrent enfin.

— C'est le Maître ! Je le reconnais !

— C'est Jésus ! Il est vraiment ressuscité !

— Ah ! Comment avons-nous pu être aussi aveugles ! Pourquoi ne pas l'avoir reconnu tout de suite !

— Il faut aller le raconter aux autres ! Jésus est vivant ! Il est ressuscité !

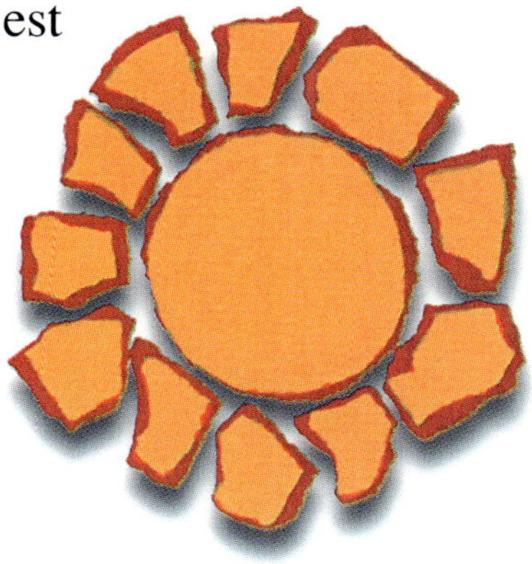

Malgré qu'il se fasse tard et que la route soit bien longue, les deux amis retournent aussitôt à Jérusalem pour raconter aux Apôtres l'aventure extraordinaire qui vient de leur arriver.

THOMAS, L'INCRÉDULE

Depuis la mort de Jésus, les onze amis qui l'avaient fidèlement suivi partout, étaient assez désemparés... Ils restaient ensemble, incapables de reprendre leurs occupations coutumières. Ils attendaient.

Un jour, Jésus leur apparaît et cause avec eux. À ce moment, l'apôtre Thomas était absent. Plus tard, lorsque Thomas revient, ses amis lui racontent l'apparition. Thomas ne veut pas les croire.

— Si je ne vois pas dans ses mains et dans ses pieds la marque des clous, si je ne mets pas ma main dans la plaie de son côté, je ne croirai pas, dit Thomas.

À ce moment, Jésus apparaît de nouveau :

— Paix à vous. Avance ta main, Thomas. Touche la marque des clous et la plaie de mon côté. Ne sois plus incrédule, mais crois en moi.

— Mon Seigneur et mon Dieu !

— Tu as cru parce que tu as vu. Heureux ceux qui croient sans voir.

LES APPARITIONS AUX APÔTRES

Quelques jours plus tard, les onze apôtres sont rassemblés sur une colline de Galilée où Jésus leur avait donné rendez-vous. Tout à coup, le Maître paraît au milieu d'eux.

— Mes amis, tout pouvoir m'a été donné au ciel et sur la terre. Allez de par le monde, allez rencontrer des gens de toutes les nations. Baptisez-les au nom du Père, du Fils et du Saint-Esprit. Apprenez-leur à vivre selon ce que je vous ai appris. Quant à moi, je serai toujours avec vous, jusqu'à la fin du monde.

— Seigneur, nous ne sommes que des pêcheurs, de pauvres ignorants ; comment pourrons-nous accomplir une telle tâche ? dit Pierre.

— Ne vous inquiétez pas ; vous que j'ai désignés pour cette mission, vous ferez des gestes qui vous surprendront vous-mêmes.Ceux qui croiront à ma parole pourront refaire ce que j'ai fait pour vous...

NOUVELLE PÊCHE MIRACULEUSE

Les Apôtres sont rentrés chez eux en Galilée. Après la période de tristesse qui a suivi la mort de Jésus, ils ont maintenant repris goût à la vie car ils savent que leur maître bien-aimé est ressuscité comme il l'avait promis.

Ils l'ont vu, ils l'ont touché, ils lui ont parlé. À présent, la vie quotidienne a repris son cours. Un soir, les Apôtres sont au bord du lac de Tibériade. Ils partent pour la pêche. Le métier de pêcheur est un métier plein d'imprévus ; parfois la pêche est bonne, parfois, elle est mauvaise. Cette nuit-là, ils ont passé plusieurs heures à pêcher sans rien prendre. Ils décident donc de revenir à leur port d'attache. En abordant, ils aperçoivent un inconnu qui leur fait signe :

— Hé ! Là-bas ! Pêcheurs !

— Oui, qu'est-ce que vous voulez, l'ami ?

— Mes enfants, auriez-vous quelque chose à manger ?

— Nous regrettons, nous n'avons rien. Nous avons pêché toute

la nuit, mais nous n'avons rien pris...

— Jetez vos filets du côté droit de la barque, et vous trouverez du poisson.

— Qu'est-ce qu'il raconte, cet homme ? Jeter nos filets du côté droit... quelle drôle d'idée ! D'abord, l'eau n'est pas assez profonde par ici...

Cependant, les pêcheurs font ce qu'on leur a recommandé.

— Hé ! Regardez ! Le filet est rempli de poissons ! Venez m'aider, les amis ! Allons, tirez !

— Tous ces poissons, ça me rappelle quelque chose... Cet homme au bord du lac, c'est le Seigneur !

— Mais tu as raison ! Comment ne l'avons-nous pas reconnu plus tôt ! Seigneur ! J'arrive !

Pierre est tellement content de retrouver Jésus qu'il se jette à l'eau et se rend à la nage jusqu'à la rive pour arriver plus vite. Les autres rapprochent la barque. Les amis se rassemblent autour d'un feu pour faire un bon repas de poissons.

L'ASCENSION

Il y a déjà quarante jours que Jésus est ressuscité. Il est apparu plusieurs fois à ses Apôtres et à ses amis pour leur prouver qu'il est bien vivant.

Mais sa présence au milieu des siens allait prendre une nouvelle forme. Sa mission accomplie, Jésus devait retourner vers son Père. Lors de ses dernières apparitions, il fait souvent allusion au Royaume de Dieu, mais les Apôtres ne comprennent pas très bien.

— Tu ne peux pas partir, Seigneur ; nous avons besoin de toi.

— Je vous enverrai l'Esprit Saint. Vous vous souvenez de Jean? Il baptisait dans l'eau, mais vous, vous serez baptisés dans la lumière du Saint-Esprit. Venez avec moi sur la montagne.

Arrivé sur le Mont des Oliviers, Jésus se tourne vers ses amis, le moment est solennel : il va leur livrer son dernier message.

— Mes amis, je vais vous quitter, mais ne soyez pas tristes ; il fallait que les paroles des prophètes s'accomplissent : le Christ devait mourir afin de ressusciter.

Quant à vous, je veux que vous soyez mes témoins ; allez de par le monde entier, proclamez la bonne nouvelle à toutes les nations. Je vais vous envoyer celui que mon père a promis.

Restez dans cette ville jusqu'à ce qu'il soit venu : alors, vous vous sentirez forts et intrépides. Adieu mes amis.

Moi, je demeure avec vous pour toujours jusqu'à la fin du monde.

Et Jésus s'élève vers le ciel.

LA PENTECÔTE

Dix jours ont passé depuis que Jésus s'est élevé vers le ciel en présence de ses Apôtres. Chaque jour, ils se réunissent pour s'entretenir du temps où le Seigneur était parmi eux. Sans doute, Marie, la Mère de Jésus, vient leur tenir compagnie.

Un jour, le petit groupe des Apôtres est transformé par l'Esprit Saint qui vient en eux, sous forme de langues de feu.

D'un seul coup, ils comprennent mieux l'enseignement de Jésus ; ils brûlent d'entreprendre leur mission qui est de prêcher à tous la bonne nouvelle de l'Évangile.

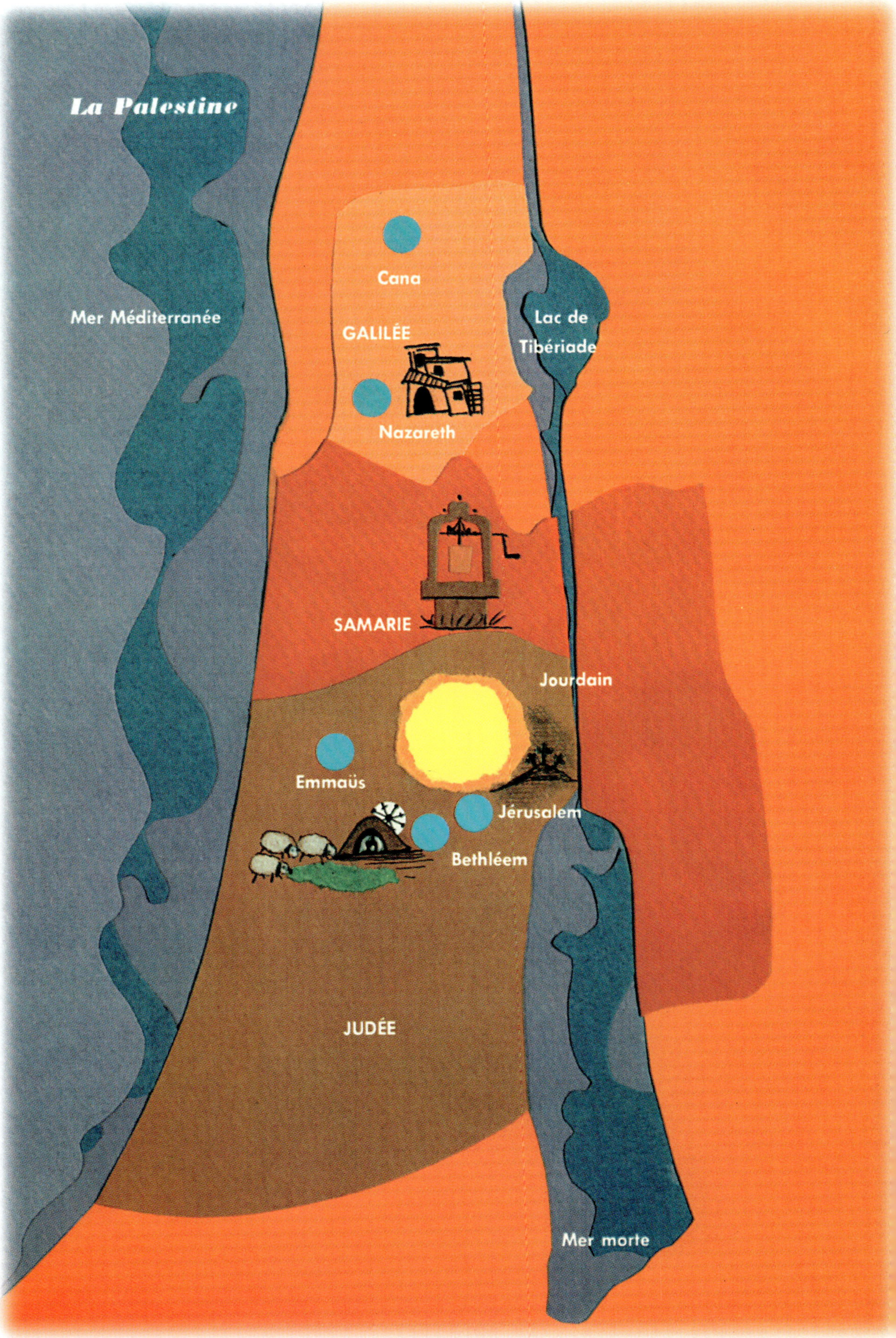
La Palestine
Cana
Mer Méditerranée
GALILÉE
Lac de
Tibériade
Nazareth
SAMARIE
Jourdain
Emmaüs
Jérusalem
Bethléem
JUDÉE
Mer morte